Werkzeug und Material

Für die Anfertigung aller Figuren benötigst du folgende Grundmaterialien:

- *Wolle*
- *Pompon-Set oder Pappschablonen*
- *mittelgroße Schere*
- *spitze Nagelschere*
- *Cutter*
- *lange Stopfnadel*
- *Fädelhilfe*
- *Nähnadel*
- *Zwirn*
- *Seitenschneider*
- *Schmuckzange*
- *Draht, ø ca. 1 mm*
- *feiner Draht, ø 0,25–0,4 mm*
- *Bastelfilz*
- *4 mm-Filz (Textilfilz)*
- *Chenilledraht, Stärke 9 mm*
- *Knöpfe in verschiedenen Größen und Farben*
- *Glastieraugen*
- *Plastiktiernasen*
- *Textilkleber*
- *Stäbchen, Stift o. Ä.*
- *Transparentpapier*
- *Bleistift*
- *festes Papier*
- *Wäscheklammern*

Wolle

Für die Modelle in diesem Buch wurde fast ausschließlich dünne Wolle verwendet.
Du kannst für deine Pomponfiguren auch Mischfaser bzw. Kunstfaser mit Nadelstärke 3 (Poly Acryl) verwenden (siehe Modell S. 21).

Schablonen aus Plastik

Schaffe dir am besten ein sogenanntes Pompon-Set (siehe auch Abb 1, Seite 6) an. Die darin enthaltenen Plastikschablonen ermöglichen dir ein einfaches und schnelles Arbeiten, da du direkt vom Wollknäuel um die Schablonenteile wickelst. Die Durchmesser der Schablonen des in diesem Buch verwendeten Sets betragen 3,3 cm, 4,5 cm, 5,5 und 9 cm.

Mit „halber Schablone" sind in den Anleitungstexten immer die beiden zueinandergehörenden Plastik-Halbkreise gemeint.

Schablonen aus Pappe

Natürlich kannst du auch mit selbst hergestellten Pappschablonen arbeiten. Hierbei kannst du allerdings nur den Faden durch das Loch ziehen (das Knäuel passt ja nicht durch).
Dazu fädelst du dann einen Wollfaden in händelbarer Länge auf eine Stopfnadel und ziehst den Faden immer wieder durch die Pappringe. So stellst du sie her:

1. Zeichne mit einem Zirkel Ringe auf die feste Pappe und stelle jeweils zwei Ringe her. Folgende Maße entsprechen den hier verwendeten Schablonen: ø 3,3 cm/ø 1,2 cm , ø 4,5 cm/ø 1,9 cm, ø 5,5 cm/ø 2,5 cm, ø 9 cm/ø 4 cm.
2. Schneide die Ringe mit einem Cutter sorgfältig aus.

Hallo, liebe Freunde!

Alle Amigurumifans können sich freuen: Jetzt gibt es die beliebten kleinen Stars als knuddelweiche Pomponfiguren!

Du wirst staunen, wie man mit den Pompons jede Menge Fantasiefiguren herstellen kann: Aus grauen Mäusen werden knallig bunte Maskottchen, eine fetzige Punkfigur bringt euch zum Lachen und ein süßer Wuschelhund spendet Trost.
Durch raffinierte Wicklungen entstehen aber auch die typischen Fellmuster von Zebra oder Giraffe, die mit ihren großen Knopfaugen und biegsamen Beinchen witzig aussehen und künftig euer Regal schmücken.

In diesem Buch lernst du erst Schritt für Schritt die Grundtechnik und die vielfältigen Wickelmöglichkeiten kennen. Dann brauchst du dir nur noch dein Lieblings-Amigurumi auszusuchen und schon kann es losgehen!

Viel Spaß wünscht Euch

Werner Schultze

Inhalt

Tipps und Tricks

Filzteile ausschneiden
1. Übertrage die entsprechenden Motivteile (z. B. Ohren) mithilfe von Transparentpapier und Bleistift von der Vorlage auf festes Papier und schneide sie aus.
2. Lege die ausgeschnittene Papierschablone auf den Filz und schneide ihn rundherum aus. Hilfreich beim Festhalten der Papierschablone sind dabei kleine Wäscheklammern.

Kleben
Wenn du Arme, Beine oder Ohren in die Pompons kleben möchtest, ziehe den Flor zunächst mit einem Stäbchen, Stift o. Ä. auseinander, klebe das entsprechende Teil in dieses „Loch" und drücke es in den Pompon. Achte dabei immer darauf, dass kein Kleber auf den umliegenden Flor der Pompons gerät!

Pompons miteinander vernähen
1. Fädle Zwirn auf eine lange Stopfnadel.
2. Verknote das Fadenende 2–3-mal.
3. Stich die Nadel durch den ersten Pompon und ziehe den Knoten in den Pompon.
4. Vernähe dann die Pompons miteinander. Achte dabei darauf, keine „Löcher" in den Flor zu ziehen. Stich die Nadel immer genau da wieder ein, wo der Faden herausgekommen ist.

Pomponfiguren stabilisieren
1. Stecke ca. 1 mm starken Draht durch die zu verbindenden Pomponteile.
2. Biege das herauskommende Ende zu einem Haken um, ziehe den Draht zurück und ziehe dabei den Haken in einen der Pompons ein.
3. Schneide das andere Ende mit einem Seitenschneider ab und biege es in den Flor zurück.

Gliedmaßen stabilisieren
Da Beine aus zwei miteinander verdrehten Chenilledrähten nicht standfest genug sind, wickelst du am besten einen 1 mm starken Draht mit in die Chenilledrähte. Den Draht kannst du dann noch ein Stück herausstehen lassen und in den Pompon einstecken.

Mehrfarbige Pompons herstellen
Wickelst du die Schablonen mit verschiedenen Farben (zwei, drei oder mehr Fäden) auf, erhältst du ein meliertes Erscheinungsbild. Du kannst die Schablonenhälften jeweils mit unterschiedlichen Farben bewickeln oder die Schablonenhälften in einzelne Farbfelder aufteilen. So ergibt sich eine Vielzahl an Gestaltungsmöglichkeiten.
Bewickelst du einen Teil der Schablone mit einer ersten Farbe, dann mit einer zweiten, dritten – neben und über die erste Farbe gewickelt – entsteht ein Punkt bzw., im weiteren Aufbau, ein Streifen. Wickelst du zwischen einer Farbe eine zweite auf, entsteht ein Fleck oder Punkt.

Maßangaben
Die Maßangaben „ein Viertel mit Blau", „drei Viertel mit Gelb", „auf halber Fläche", „in halber Dicke" sind Circa-Angaben. Wenn du dickere Wolle verwendest oder lockerer wickelst, kann es passieren, dass die angegebenen Wicklungen nicht mehr auf die Schablone passen. Probiere es im Zweifelsfall einfach aus.

Halbe Pompons herstellen
Für halbe Pompons, zum Beispiel für Füße oder Hände, wickelst du nur eine halbe Schablone mit Wolle voll. Es ist sehr hilfreich, wenn du bei halben Pompons vor dem Aufschneiden der Wolle um diese einen feinen Draht drehst (s. Abb. 1 und 2 auf Seite 7 unten).

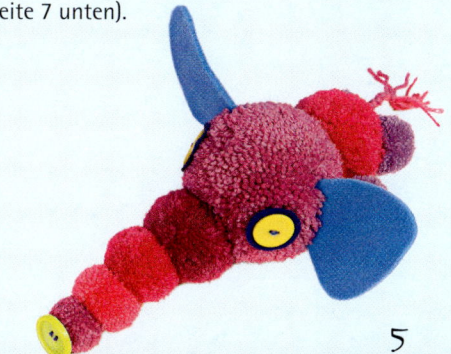

Poupons herstellen

Lege die beiden zueinander gehörenden Schablonenteile jeweils zusammen – die Stege zum Zusammenstecken zeigen dabei jeweils nach außen.

Wickle den Wollfaden möglichst gleichmäßig und in festen, dichten Schlingen auf – je nach Größe des gewünschten Ponpons bis etwa auf die Höhe der Stege.

Wickle solange, bis die Schablonenhälfte voll ist und mache es mit den beiden anderen Schablonenteilen ebenso. Lege entstehende Fadenenden immer nach außen.

Schneide den Faden vom Wollknäuel ab und stecke die beiden Schablonenhälften zusammen. Schneide die Wolle mit der spitzen Nagelschere zwischen den Schablonenteilen rundherum auf.

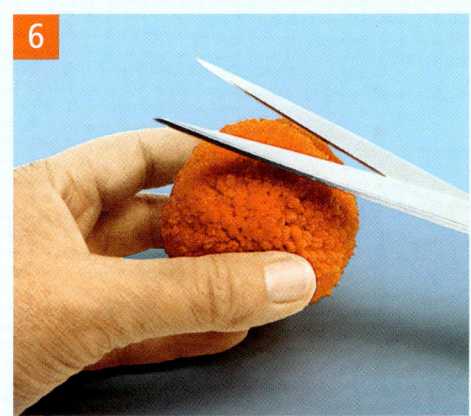

Ziehe einen Abbindfaden aus gleichfarbiger Wolle zwischen den Schablonenspalt und verknote ihn gut, am besten doppelt. Entferne nun vorsichtig die Schablone.

Schneide alle überstehenden Wollfäden ab und schneide den Pompon in eine gleichmäßig kugelige Form. Beschneidest du den Pompon stärker, wird der Flor dichter.

Halbe Pompons herstellen:

Fädele am geraden Teil der Schablone – im Spalt zwischen den Schablonenteilen – einen vorgebogenen feinen Draht (ø 0,25–0,4 mm) um die Wollschlaufen.

Verdrehe die Enden miteinander. Schneide die Wolle nun auf und binde sie nochmals mit einem Wollfaden ab, wie es in Schritt 4 und 5 beschrieben wird.

Rosa Glücksschwein

So geht's:

Beachte bitte die Arbeitsanweisungen und den Grundkurs (siehe S. 4–7).

Kopf

Stelle einen Pompon aus der Ringelsocken-Wolle her.

Füße

Fertige vier kleine Pompons in Babyrosa an.

Schnauze

Fertige einen kleinen Pompon aus Wolle in Pinkrosa an.

Fertigstellen

1. Flechte einen Strang aus neun Fäden magentafarbener Wolle, schneide ihn in 4 cm lange Abschnitte (Beine) und binde diese beidseitig mit Zwirn ab. Klebe die Beine in die Füße.

2. Nähe auf den Körper die Schnauze und darauf den lindgrünen Knopf als Nase. Die beiden fliederfarbenen Knöpfe nähst du zusammen mit den Herzknöpfen als Augen auf.

3. Klebe die Beine in den Körper.

4. Schneide die Ohren nach der Vorlage aus fliederfarbenem Bastelfilz zu und klebe sie in den Flor des Kopfes.

5. Forme ein Stück Chenilledraht in Pink zu einem Ringelschwanz und klebe ihn ein.

Das brauchst du:

- *Schablone: Kopf: ø 5,5 cm; Füße/Schnauze: ø 3 cm*
- *Wolle in Babyrosa, Pinkrosa, Magenta*
- *Ringelsocken-Wolle*
- *Bastelfilz in Flieder*
- *Knöpfe, ø 6 mm, 2 in Flieder, 1 in Lindgrün*
- *2 Herzchenknöpfe in Rot*
- *Chenilledraht in Pink*
- *Zwirn*

Vorlage 1, Seite 30

Knuffiges Zebra

So geht's:

Beachte bitte die Arbeitsanweisungen und den Grundkurs (siehe S. 4–7).

Kopf

1. Umwickle eine Schablonenhälfte mit schwarzer und weißer Wolle wie folgt: Sechs Wicklungen in Schwarz, sechs in Weiß daneben. So fortfahren, bis die Fläche bedeckt ist – dann wieder zurück und ebenso weiter wickeln, bis die Schablone voll ist.

2. Bewickle die zweite Hälfte nur mit Weiß.

Maul

Stelle einen Pompon in Schwarz her.

Körper

Fertige die eine Hälfte des Körpers wie die des Kopfes. Wickle auf der zweiten Schablonenhälfte (mittig) auf ca. halber Fläche und halber Dicke mit Rosa; dann beidseitig daneben sowie über Rosa mit Weiß, bis die Schablone voll ist.

Hufe

Wickle vier halbe Pompons in Schwarz. Schneide dann aus dem Textilfilz in Hellbraun vier Kreise (ø 35 mm), klebe sie unter die Pompons und schneide sie in Form.

Fertigstellen

1. Wickle für die Beine je einen Chenilledraht in Schwarz und Weiß um ein Stück Draht, lasse ihn an einem Ende ca. 1,5 cm herausschauen. Fertige so vier Beine und klebe sie mit den Enden ohne Draht in die Hufe ein. Nach dem Trocknen klebst du die Enden mit Draht in den Körper und lässt alles trocknen.

2. Wickle die Chenilledrähte für den Hals (3,5 cm) ebenso. Klebe ein Ende in den Kopf, das andere durch den Körper, trage am Ende des Chenilledrahtes Kleber auf und ziehe ihn mithilfe des Drahtes in den Pompon. Kürze das eine Drahtende und biege es mit einer Schmuckzange zurück in den Flor.

3. Drehe den Schwanz aus einem schwarzen und weißen Chenilledraht.

4. Wickle einen Wollfaden ca. zehnmal um drei Finger, lege diese Schlaufen zwischen die Chenilledrähte und verzwirble die Drähte. Binde die Schlaufen mit einem Wollfaden ab, schneide sie ab und klebe den Schwanz ein.

5. Schneide zwei Kreise aus Filz in Türkis (ø 24 mm) und schneide mittig ein kleines Loch. Nähe die Filzscheiben zusammen mit den Knöpfen als Augen auf und sichere sie mit etwas Klebstoff zwischen Filz und Knopf sowie Filz und Pompon.

6. Schneide die Ohren nach der Vorlage aus schwarzem Filz, klebe sie ein.

7. Ziehe mit der Stopfnadel Wollfäden als Mähne in den Pompon ein, schneide sie zurecht.

Das brauchst du:

- *Schablonen: Kopf/Körper: ø 4,5 cm; Maul/Hufe: ø 3 cm*
- *Wolle in Pinkrosa, Weiß, Schwarz*
- *Textilfilz in Hellbraun*
- *Bastelfilz in Türkis, Schwarz*
- *2 Knöpfe in Gelbocker, ø 18 mm*
- *Chenilledraht in Schwarz, Weiß*
- *Draht, ø 1 mm*

Vorlage 2, Seite 30

Kuschelfant in Pink

So geht's:

Beachte bitte die Arbeitsanweisungen und den Grundkurs (siehe S. 4–7).

Kopf/Körper

Stelle in verschiedenen Rottönen einen großen Pompon für den Kopf und einen mittleren für den Körper her.

Beine

Fertige aus fliederfarbener Wolle vier kleine Pompons.

Rüssel

Fertige je zwei unterschiedlich große Pompons in verschiedenen Rottönen und beschneide von jeder Größe einen Pompon, so dass vier unterschiedlich große Pompons mit einem gleichmäßigen Größenverlauf entstehen.

Fertigstellen

1. Nähe alle Pomponteile zusammen.

2. Flechte aus neun Wollfäden einen Schwanz (ca. 6 cm), binde ihn ab und beschneide ihn so, dass eine ca. 3 cm lange Quaste stehen bleibt. Klebe den Schwanz in den Körper.

3. Fertige aus violettem Bastelfilz zwei Kreise (ø 30 mm) und schneide sie mittig ein. Nähe die beiden kleineren Knöpfe zusammen mit den Filzkreisen als Augen auf und fixiere sie zusätzlich mit etwas Klebstoff zwischen Knopf und Filz sowie Filz und Pompon. Nähe einen Knopf am Ende des Rüssels auf.

4. Schneide die Ohren nach der Vorlage aus Textilfilz und klebe sie in den Kopf ein.

Das brauchst du:

- *Schablonen: Kopf: ø 9 cm; Körper: ø 5,5 cm; Rüssel: ø 4,5 cm; Beine/Rüssel: ø 3 cm*
- *Wolle in 4 Rottönen von Rosa bis Magenta, Flieder*
- *Bastelfilz in Violett*
- *Textilfilz in Hellblau*
- *2 Knöpfe in Lindgrün, ø 22 mm*
- *1 Knopf, ø 25 mm*

Vorlage 3, Seite 30

Außerirdischer

So geht's:

Beachte bitte die Arbeitsanweisungen und den Grundkurs (siehe S. 4–7).

Kopf

1. Wickle mit hellgrüner Wolle (Faden doppelt nehmen) auf einer Hälfte der Schablone an verschiedenen Stellen unterschiedlich starke Lagen (3–10); daneben und über diese Flecken mit Dunkelgrün. Wickle versetzt zu den ersten Flecken Hellgrün als weitere Flecken in unterschiedlich starken Wicklungen, darüber wieder Dunkelgrün (s. o.). Fahre so fort, dabei die hellgrünen Flecken etwas größer werden lassen.

2. Umwickle die zweite Schablonenhälfte mit Hellgrün, bis ca. drei Viertel gefüllt sind. Setze dann unregelmäßige dunkelgrüne Flecken, überwickle sie mit Hellgrün. Fahre so fort, lasse dabei die dunkelgrünen Flecken größer werden.

Augen

Umwickle pro Auge je eine Hälfte der Schablone dunkelgrün und rosa.

Nase

Fertige einen Pompon, wickle dabei gleichzeitig mit einem dunkelgrünen und einem gelben Faden.

Füße

Fertige vier Pompons, wickle dabei gleichzeitig mit einem dunkelgrünen und einem orangefarbenen Faden.

Fühler

1. Auf einer Schablonenhälfte an drei Stellen Dunkelgrün (2–3 Lagen) aufwickeln, darüber Gelb (2 Lagen), dann, versetzt zu den ersten grünen Wicklungen, an zwei Stellen Dunkelgrün (4–6 Lagen). Alles mit Gelb in zwei Lagen überwickeln; drei weitere dunkelgrüne Stellen (4–6 Lagen) aufwickeln.

2. Die zweite Hälfte der Schablone gelb bewickeln.

Hände

Stelle zwei Pompons in Dunkelgrün her.

Fertigstellen

1. Flechte aus je drei Wollfäden drei Schnüre für die Beine (ca. 10 cm), zwei für die Arme (ca. 5 cm), binde die Enden mit Zwirn ab, klebe die Schnüre in Hände und Füße.

2. Nähe Nasen und Augen auf, nähe die Knöpfe auf die Augäpfel, klebe die Plastikhalbperlen auf.

3. Drehe zwei Chenilledrähte zusammen, schneide zwei 3,5 cm lange Stücke zu, klebe sie in die Fühlerpompons. Klebe das andere Ende des Drahtes in den Kopf.

4. Klebe die Arme und Beine ein, setze in den Flor der Hände jeweils drei Minipompons.

Das brauchst du:

- *Schablonen: Kopf: ø 9 cm;*
  alle anderen Pompons: ø 3 cm
- *Wolle in Hell- und Dunkelgrün, Babyrosa,*
  Orange, Gelb
- *Chenilledraht in Hell- und Neongrün*
- *2 Knöpfe mit Öse in Orange, ø 23 mm*
- *2 Plastikhalbperlen in Schwarz, ø 12 mm*
- *6 Minipompons in Hellgrün, ø 7 mm*

Mäuseduo

So geht's:

Beachte bitte die Arbeitsanweisungen und den Grundkurs (siehe S. 4–7).

Kopf/Schnauze

Stelle für die blaue Maus aus Wolle in Hellblau je einen Pompon her, für die rote Maus je einen in Gelb- und Rostorange. Schneide die Schnauze jeweils eiförmig, die stumpfe Pomponseite gerade.

Körper

Umwickle für die blaue Maus auf einer Schablonenhälfte mittig die halbe Fläche mit rosa Wolle (in halber Dicke). Dann wickle beidseitig sowie über Rosa Hellblau. Die zweite Hälfte der Schablone in Hellblau wickeln. Umwickle für die rote Maus auf einer Schablonenhälfte ca. ein Drittel der Fläche (mittig) mit 3–4 Lagen Wolle in Türkis. Anschließend wickle daneben und über Türkis 3–4 Lagen in Dunkelrot. Wickle weitere Lagen daneben und über Dunkelrot mit Wolle in Türkis. Überwickle dann alles mit Dunkelrot. Fertige die zweite Hälfte der Schablone aus Wolle in Gelborange.

Vorderpfoten

Fertige sie für die blaue Maus wie den Körper. Für die rote Maus umwickle jeweils eine Schablonenhälfte mittig auf halber Fläche und Dicke mit Wolle in Rosa. Wickle darüber Rostorange. Wickle die zweite Schablonenhälfte mit Rostorange.

Hinterpfoten

Wickle für die blaue Maus zwei halbe Pompons aus königsblauer Wolle. Aus Filz in Pink schneide zwei Ovale (ø 50 mm, s. S. 31). Fertige für die rote Maus zwei halbe Pompons in Flieder und Flieder-Blau meliert. Schneide aus lindgrünem Filz zwei Ovale (ø 50 mm). Klebe sie jeweils unter die Pompons und schneide sie oval.

Fertigstellen

Nähe den Kopf auf den Körper, die Schnauze darauf. Den kleinen schwarzen Pompon als Nasenspitze auf die Schnauze kleben. Schneide für die blaue Maus aus Bastelfilz in Erika zwei Kreise (ø 25 mm), steche mit der Scherenspitze jeweils mittig ein kleines Loch. Stecke die Ösen der Glasaugen durch, knote den Zwirn an, nähe die Augen auf. Nähe für die rote Maus die bunten Knöpfe als Augen auf. Schneide die Ohrteile nach der Vorlage aus Bastelfilz, klebe sie aufeinander und in den Kopf. Drehe zwei hellblaue Chenilledrähte für die blaue Maus, je einen in Gelb und Orange für die rote Maus (Beine in Fuchsia und Hellblau) zusammen, schneide vier Stücke (je 2,5 cm) zu und klebe diese in Füße und Pfoten ein. Die Beine unten in den Körper, die Arme zwischen Kopf und Körper kleben. Flechte aus sechs Wollfäden (ca. 40 cm) jeweils einen Schwanz, binde die Enden ab und ihn in den Körper. Schneide aus gelbem Textilfilz nach der Vorlage ein Stück Käse und stanze Löcher aus. Klebe das Filzstück an eine Hand. Nähe der roten Maus den kleinen Knopf als Hosenknopf auf.

Vorlagen 4a und b, Seite 30

Das brauchst du:

Für beide Mäuse
- *Schablonen: Kopf: ø 5,5,cm;
  Körper/Füße: ø 4,5 cm;
  Schnauze/Pfoten: ø 3,3 cm*
- *Nähgarn mit Nadel, Lochzange*

Blaue Maus
- *Wolle in Hellblau, Rosa, Königsblau*
- *Bastelfilz in Flieder, Erika, Dunkelblau*
- *Textilfilz in Pink, Mais*
- *2 Glastieraugen in Topas, ø 20 mm*
- *Chenilledraht in Hellblau*
- *Fertigpompon in Schwarz, ø 15 mm*

Rote Maus
- *Wolle in Gelb- und Rostorange, Rosa, Dunkelrot,
  Türkis, Flieder, Flieder-Blau meliert*
- *Bastelfilz in Orange, Rot, Rosa*
- *Textilfilz in Lindgrün*
- *Fertigpompon in Schwarz, ø 15 mm*
- *Chenilledraht in Gelb, Orange, Fuchsia, Hellblau*
- *2 bunte Knöpfe, ø 23 mm, 1 Knopf in Lindgrün,
  ø 13 mm*

Maskottchen

So geht's:

Beachte bitte die Arbeitsanweisungen und den Grundkurs (siehe S. 4–7).

Kopf

Umwickle eine Hälfte der Schablone schwarz (Haare), die zweite hellocker (Gesicht). Schneide das Gesicht stark zurück.

Körper

1. Umwickle eine Schablonenhälfte zur Hälfte (mittig) und mit halber Dicke dunkelblau. Wickle darüber und auf beide Seiten gelb auf, dann beidseitig und über Gelb mit Rot, bis die Schablone voll ist.

2. Umwickle die zweite Hälfte der Schablone (mittig) auf halber Fläche und ca. ein Drittel der Dicke gelb, dann auf beiden Seiten und darüber rot. Wickle beidseitig neben Rot sowie darüber mit Gelb, bis die Schablone voll ist.

Füße

Stelle zwei halbe Pompons her: Wickle auf halber Schablone ca. ein Viertel bis ein Drittel der Fläche in Mittelblau, den Rest in Grüntürkis. Schneide aus Filz in Orange zwei Ovale (ø 50 mm, Vorlage siehe S. 31), klebe sie unter die Pompons und schneide sie oval zu.

Hände

Fertige aus Wolle in Hellocker zwei halbe Pompons und unterklebe sie mit Textilfilzkreisen in Beige (ø 35 mm). Schneide die Pompons in Form.

Fertigstellen

1. Klebe das Satinband als Schweißband unter den „Bubikopf", nähe die Augen an und sichere sie mit etwas Kleber. Nähe Kopf und Körper zusammen.

2. Drehe Chenilledrähte zusammen und schneide sie zu (für die Arme je 5–6 cm, für die Beine je 5 cm). Klebe die Arme in die Hände und die Beine in die Füße. Forme die Drähte und klebe sie in den Körper.

3. Ziehe mit einer langen Stopfnadel schwarze Wollfäden durch den Kopf und schneide sie zu einer wuscheligen Frisur zurecht.

Das brauchst du:

- *Schablonen: Kopf, ø 5,5 cm; Körper/Füße, ø 4,5 cm; Hände, ø 3 cm*
- *Wolle in Schwarz, Hellocker, Gelb, Rot, Dunkel- und Mittelblau, Grüntürkis*
- *Textilfilz in Orange, Beige*
- *Satinband in Orange, 6 mm breit*
- *2 Glastieraugen in Topas, ø 20 mm*
- *Chenilledraht in Beige, Dunkelblau, Fuchsia*

Vorlage 5, Seite 31

Kleiner Wuschelhund

So geht's:

Beachte bitte die Arbeitsanweisungen und den Grundkurs (siehe S. 4–7).

Kopf
Fertige einen Pompon aus babyblauer Wolle.

Körper
1. Umwickle eine Schablonenhälfte (mittig) auf halber Fläche und Dicke mit mintfarbener Wolle. Wickle dann auf beiden Seiten und darüber babyblaue Wolle, bis die Schablonenhälfte voll ist.
2. Auf die zweite Hälfte der Schablone nur babyblaue Wolle aufwickeln.

Vorderpfoten
Umwickle die Schablone zu einer Hälfte mit Babyrosa, zur anderen Hälfte mit Hellblau.

Ohren
Fertige zwei halbe Pompons in Hellblau, lasse sie unbeschnitten.

Hinterpfoten
Wickle zwei halbe Pompons in Hellblau, schneide dann aus fliederfarbenem Textilfilz zwei Ovale (ø 50 mm, Vorlage siehe S. 31) und klebe sie unter die Pompons. Schneide die Pompons oval zu.

Fertigstellen
1. Nähe alle Teile wie abgebildet zusammen. Achte darauf, dass die Filzunterseite der Füße nach hinten schaut.

2. Klebe die beiden Fertigpompons als Bäckchen in den Flor und setze die Plastiktiernase darüber. Nähe die Augen auf.
3. Fädle ein paar lange Wollfäden in eine Stopfnadel und ziehe sie durch die Ohrenpompons. Frisiere die Hundemähne wie es dir gefällt und binde seitlich jeweils ein Schleifchen aus Satinband.
4. Biege blauen Chenilledraht (20 cm) in der Mitte zusammen, lege ein paar Wollfäden ein, verdrehe den Draht und klebe ihn als Schwanz ein.

Das brauchst du:

- *Schablonen: Kopf: ø 5,5 cm; Körper/Ohren/Füße: ø 4,5 cm; Pfoten: ø 3 cm*
- *Wolle in Babyblau, Mint, Hellblau, Babyrosa*
- *2 Fertigpompons in Weiß, ø 10 mm*
- *Plastik-Tiernase in Schwarz, ø 12 mm*
- *2 Glastieraugen in Topas, ø 18 mm*
- *2 Ovale aus fliederfarbenem Textilfilz in Flieder*
- *Textilfilz in Flieder*
- *Satinband in Pink, 3 mm breit*

Vorlage 6, Seite 31

Fetziger Punk

So geht's:

Beachte bitte die Arbeitsanweisungen und den Grundkurs (siehe S. 4–7).

Kopf/Körper

1. Umwickle eine Schablonenhälfte (mittig) zu einem Drittel der Fläche und Dicke orange; wickle anschließend beidseitig daneben und über Orange in Rot.

2. Die zweite Schablonenhälfte bewickle rot. Wickle auf der einen Hälfte der Schablone (mittig) auf ca. halber Fläche und halber Dicke rosa; darüber und beidseitig mit Rot. Die zweite Hälfte rot bewickeln.

Vorderpfoten

Fertige zwei Pompons jeweils zur Hälfte in Rot und Rosa. Flechte aus neun roten Fäden einen ca. 20 cm langen Strang, binde ihn beidseitig mit Zwirn ab, klebe die Enden in die Pompons.

Hinterpfoten

Stelle einen dunkelroten und einen rostfarbenen Halbpompon her. Schneide aus Filz in Flieder zwei Ovale (ø 60 mm, Vorlage siehe S. 31), klebe sie jeweils unter die Pompons und schneide sie oval zu.

Schwanz

Fertige einen Pompon in Weiß.

Fertigstellen

1. Nähe Kopf und Körper zusammen, befestige den Schwanz. Nähe die Füße an (Unterseiten schauen nach vorne). Lege den Strang mit den Vorderpfoten wie einen Schal um.

2. Befestige für die Nase mit Kleber ein kleines Stück Chenilledraht auf der Rückseite der Halbperle (im kleinen Loch), lasse den Draht ca. 1 cm herausschauen. Bestreiche den Chenilledraht komplett mit Kleber und klebe ihn wie einen „Dübel" in den Pompon.

3. Schneide zwei Kreise aus dem Bastelfilz in Türkis (ø 25 mm), schneide sie mittig ein. Ziehe durch die Knopflöcher jeweils einen Wollfaden und verknote ihn zusammen mit einem Stück Zwirn. Ziehe den Faden mit dem Zwirn jeweils durch den Filzkreis, klebe diesen auf die Rückseite der Knöpfe, nähe sie als Augen auf.

4. Schneide die Ohren nach der Vorlage aus Filz in Rot und Orange und klebe sie in den Flor des Kopfes. Knicke die Ohren, gebe in die Knickstelle Kleber. Fixiere die Klebestelle bis zum Abbinden mit Wäscheklammern. Knipse mit der Lochzange in ein Ohr zwei Löcher und bringe die Ringe an.

Das brauchst du:

- Schablonen: Kopf/Hinterpfoten: ø 5,5 cm; Körper: ø 4,5 cm; Vorderpfoten/Schwanz: ø 3 cm
- Wolle in Rot, Orange, Rosa, Dunkelrot, Rost, Weiß
- Plastikhalbperle in Schwarz, ø 14 mm
- Bastelfilz in Türkis
- Textilfilz in Flieder, Orange, Rot
- 2 Knöpfe in Lindgrün, ø 23 mm
- 2 kleine Schlüsselringe, ø 14 mm
- Lochzange

Vorlagen 7a und b, Seite 31

Schwein mit Herz

So geht's:

Beachte bitte die Arbeitsanweisungen und den Grundkurs (siehe S. 4–7).

Kopf/Schnauze/Füße

Fertige jeweils aus Wolle in Babyrosa mit Hilfe der jeweiligen Schablonengröße einen Pompon für den Kopf, einen für die Schnauze und vier für die Füße.

Fertigstellen

1. Nähe die Pompons für Kopf, Schnauze und Füße wie abgebildet zusammen.
2. Nähe den rosafarbenen Knopf als Nase auf.
3. Wickle die violette Fusselwolle fünfmal um deine Hand und binde die Wolle mittig mit Zwirn ab. Schneide die Wollschlaufen auf und nähe sie als Haarbüschel oben auf den Kopf.
4. Klebe die weißen Fertigpompons als Augen und die Minipompons als Pupillen auf.
5. Schneide die Ohrteile nach der Vorlage aus Bastelfilz zu (außen Flieder, innen Rosa), klebe sie aufeinander und befestige sie mit Kleber im Flor des Kopfes.
6. Schneide nach der Vorlage ein Herz aus rotem Textilfilz und loche es an der Seite. Stecke den Chenilledraht (30 cm) hindurch und verzwirble diesen. Forme einen Ringelschwanz und klebe ihn mit einem Ende in den Pompon.

Das brauchst du:

- *Schablonen: Körper: ø 9 cm; Schnauze: ø 4,5 cm; Füße: ø 3 cm*
- *Wolle in Babyrosa*
- *Fusselwolle in Violett*
- *Bastelfilz in Flieder, Rosa*
- *Textilfilz in Rot*
- *2 Fertigpompons in Weiß, ø 20 mm*
- *2 Minipompons in Schwarz, ø 7 mm*
- *Chenilledraht in Rosa*
- *Knopf in Rosa, ø 33 mm*
- *Lochzange*

Vorlagen 8a und b, Seite 31

Große Freundin

So geht's:

Beachte bitte die Arbeitsanweisungen und den Grundkurs (siehe S. 4–7).

Kopf

1. Wickle auf einer Hälfte der Schablone drei Punkte (4 Lagen) in Orange, darüber und in die Zwischenräume mit Gelb. Wickle versetzt zu den ersten Punkten zwei Punkte (8 Lagen) in Orange, über alles Gelb, erneut drei Punkte in Orange (8 Lagen). Fahre so fort, bis die Schablone voll ist.
2. Umwickle die andere Schablonenhälfte zur Hälfte (mittig) und mit halber Dicke in Gelb. Setze darauf drei Punkte in Orange (8 Lagen), überwickle alles in Gelb. Wickle versetzt zwei weitere Punkte (8 Lagen) in Orange, überwickle dann mit Gelb und fahre so fort, bis die Schablone voll ist.

Körper

1. Fertige die erste Schablonenhälfte wie die erste des Kopfes.
2. Umwickle die zweite Hälfte auf halber Fläche (mittig) und mit halber Dicke mit Rosa. Wickle über die ganze Fläche zwei Lagen in Gelb. Setze mit Orange drei Punkte, überwickle sie mit Gelb. Fahre fort wie auf der ersten Schablonenhälfte.

Schnauze

Fertige einen Pompon in Braun.

Hufe

Stelle vier braune Halbpompons her.

Fertigstellen

1. Schneide zuerst vier Kreise aus schwarzem Filz (ø 35 mm). Klebe sie unter die Hufe, schneide diese in Form.
2. Nähe die Schnauze an den Kopf.
3. Schneide die Ohrteile nach der Vorlage aus Bastelfilz, klebe sie zusammen und befestige sie mit Klebstoff im Kopf.
4. Schneide für die Augen zwei Kreise aus Filz in Türkis (ø 25 mm), versehe sie mittig mit einem kleinen Einschnitt. Stecke die Augen ein, nähe sie mit Zwirn an.

5. Drehe für die Hörner zwei Chenilledrähte zusammen und schneide zwei 2,5 cm lange Stücke zu. Klebe das eine Ende jeweils in einen Fertigpompon, das andere in den Kopf.
6. Drehe für die Beine zwei Chenilledrähte zusammen, wickle diese um ein Stück Draht und lasse den Draht einseitig 1–1,5 cm herausschauen. Klebe die Beine in die Hufe und befestige die Seite mit dem herausschauenden Draht mit Kleber am Körper.
7. Stecke ein Stück Draht durch den Kopf, biege das Drahtende zu einem Haken, trage etwas Kleber auf und ziehe den Haken zurück in den Kopf. Steche das andere Drahtende durch den Körper und verfahre ebenso.
8. Klebe links und rechts des Drahtes einen gelben und einen orangefarbenen Chenilledraht tief in den Kopf. Drehe die Chenilledrähte um den Draht und klebe die Enden in den Körper.
9. Drehe zwei Chenilledrähte zusammen. Wickle schwarze Wolle ca. zehnmal um vier Finger und hänge diese Schlaufen zwischen die Chenilledrähte.
10. Binde die Schlaufen durch weitere Drehungen der Chenilledrähte (ca. 5 cm) ab. Kürze den Draht und klebe ihn als Schwanz in den Körper.

Das brauchst du:

- *Schablonen: Kopf/Körper: ø 4,5 cm; Schnauze/Hufe: ø 3 cm*
- *Wolle in Gelb, Orange, Rosa, Braun, Schwarz*
- *Chenilledraht in Gelb, Orange*
- *Textilfilz in Schwarz*
- *Bastelfilz in Türkis, Braun, Flieder*
- *2 Glasieraugen in Topas, ø 20 mm*
- *2 Fertigpompons in Schwarz, ø 20 mm*
- *Draht, ø 1 mm*

Vorlage 9, Seite 31

Cooles Mädchen

So geht's:

Beachte bitte die Arbeitsanweisungen und den Grundkurs (siehe S. 4–7).

Kopf

Umwickle eine Schablonenhälfte mit Babyrosa, die andere Hälfte mit Pink und Magenta (zwei Fäden) und stelle die Pompons fertig.

Hände

Fertige zwei halbe Pompons in Babyrosa und unterklebe sie mit pinkfarbenen Textilfilzkreisen (ø 35 mm). Schneide die Pompons in Form.

Körper

Fertige einen Pompon aus hellgrüner Wolle.

Füße

Stelle zwei halbe Pompons in Hellgrün her. Schneide aus hellblauem Textilfilz zwei Ovale (ø 50 mm, Vorlage siehe S. 31), klebe sie unter die Pompons und schneide diese oval zu.

Fertigstellen

1. Nähe Kopf und Körper zusammen und nähe die gelben Knöpfe als Augen auf.

2. Binde je zehn Fäden in Pink und Magenta zu einem Büschel zusammen, klebe es als wuscheligen Zopf in den Kopf ein und umwickle es mit einem kleinen Stück Chenilledraht in Flieder als Haargummi.

3. Drehe je einen Chenilledraht in Flieder und Fuchsia zusammen und schneide vier Stücke à 5 cm zu. Klebe die Drahtstücke als Arme und Beine wie abgebildet in Hände und Füße.

4. Klebe die Arme zwischen Kopf und Körper und die Beine von unten ein. Nähe eine Hand seitlich an den Kopf.

5. Reihe die Minipompons auf Nähgarn zu einer Kette und binde sie dem Mädchen um den Hals.

6. Klebe noch je zwei Minipompons in Gelb in den Flor der Füße.

Das brauchst du:

- *Schablonen: Kopf, ø 5,5 cm;*
  Körper/Füße, ø 4,5 cm; Hände, ø 3 cm
- *Wolle in Babyrosa, Pink, Magenta, Hellgrün*
- *2 Knöpfe in Gelb, ø 23 cm*
- *Textilfilz in Hellblau, Pink*
- *Chenilledraht in Flieder, Fuchsia*
- *Minipompons in Weiß, Rosa, Gelb, ø 7 mm*

Vorlage 10, Seite 31

Vorlagen

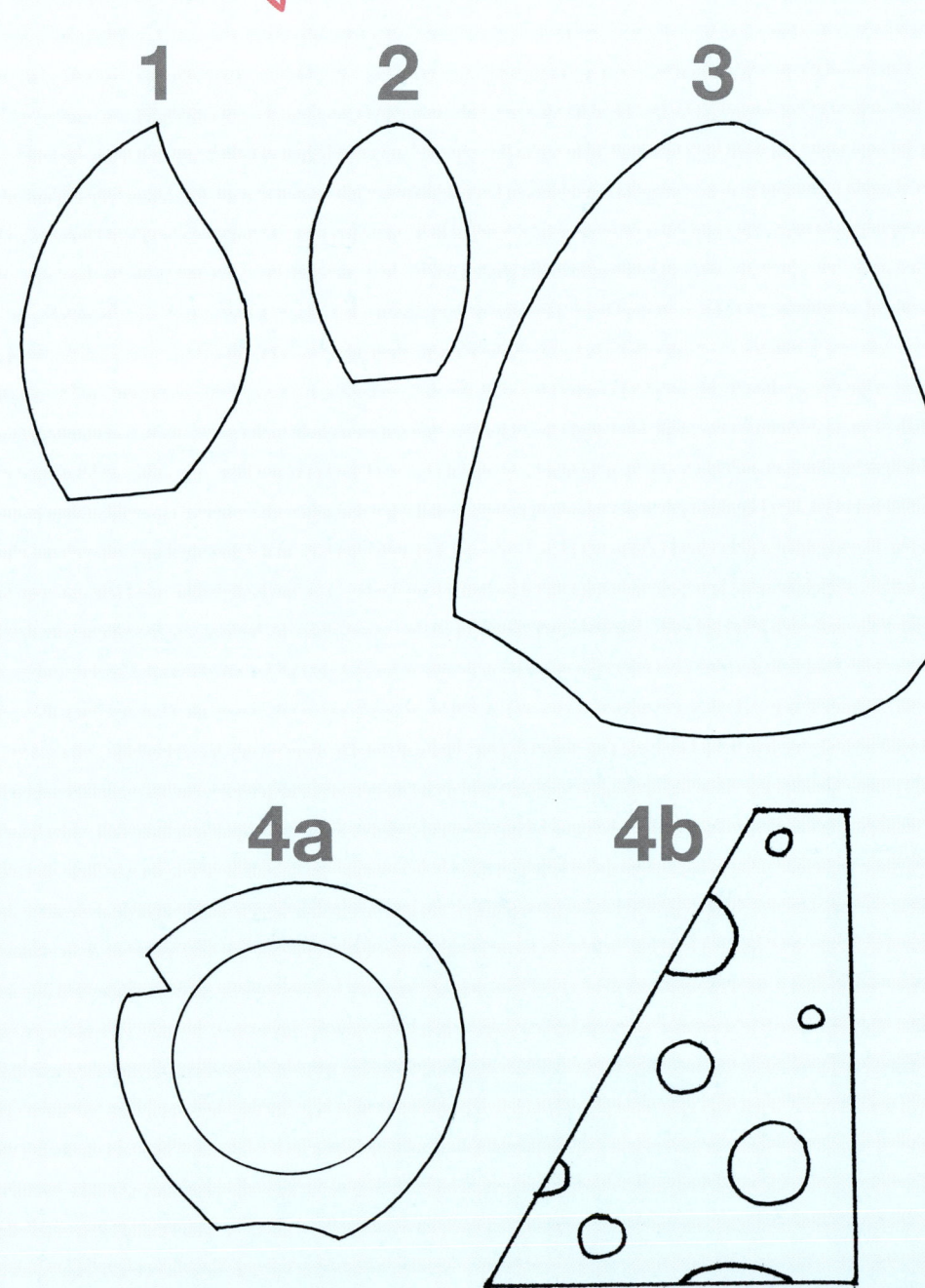

1

2

3

4a

4b

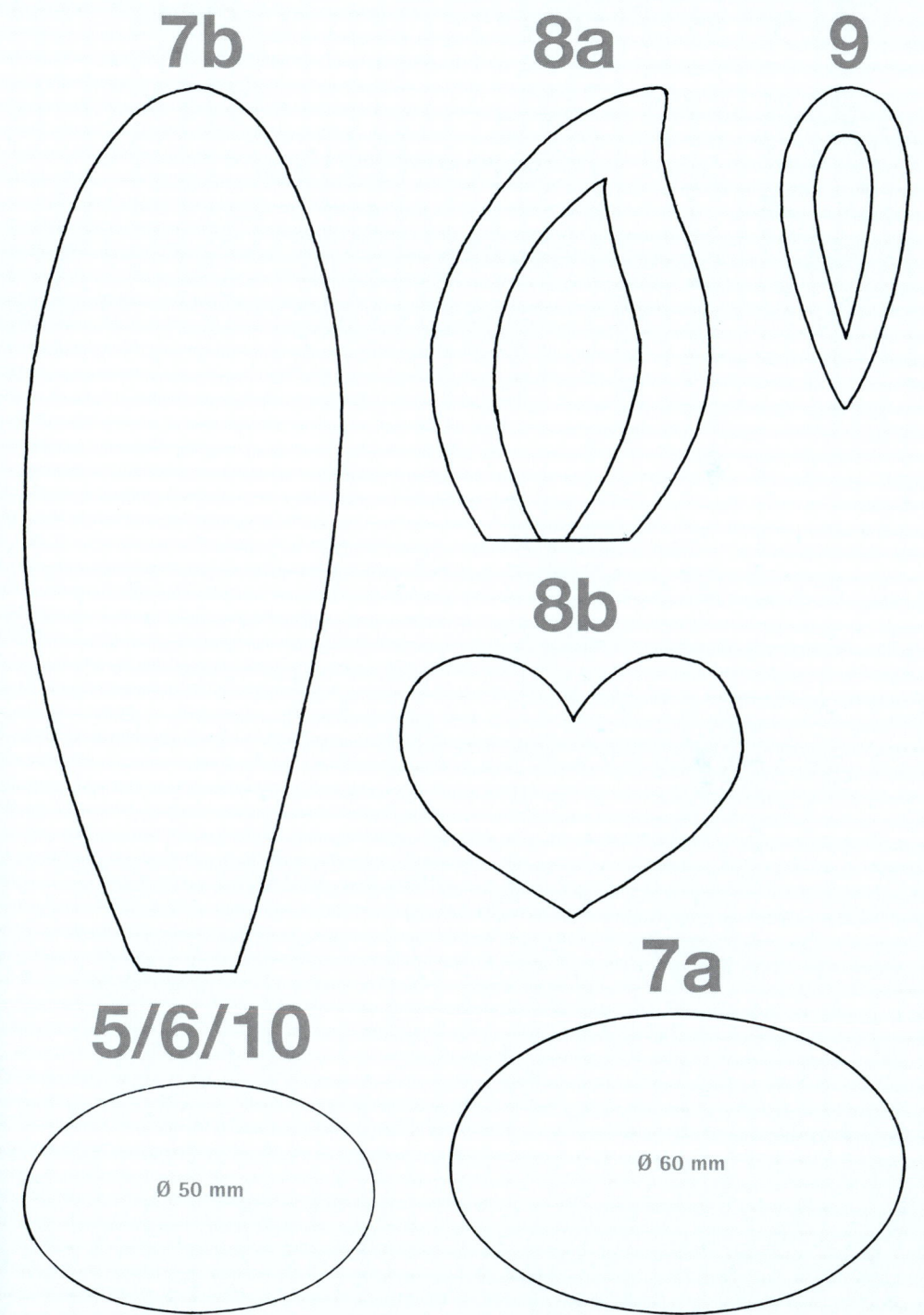

7b

8a

9

8b

5/6/10

Ø 50 mm

7a

Ø 60 mm

Sie haben Fragen zu Materialien, Anleitungen oder einer Kreativtechnik? Ganz gleich ob Basteln, Malen oder Handarbeiten: Wir helfen Ihnen weiter!

Creativ-Hotline
wir sind für Sie da!

Montag bis Freitag von 10.00 bis 16.00 Uhr unter der Rufnummer:
+49 (0) 76 23 / 96 44 17

Impressum

Entwürfe und Realisation: Werner Schultze
Redaktion: Simone Wolpert
Lektorat: Uta Koßmagk
Fotos: Uli Glasemann, Werner Schultze
(Steppfotos Seite 6/7)
Styling: Ulrike Harter
Umschlaggestaltung: Aurélie Lambrecht
Layout: art und weise, Freiburg
Reproduktion: lithotronik media gmbh, Dreieich
Druck und Verarbeitung: Himmer AG, Augsburg

ISBN 978-3-86673-170-7
Art-Nr. 2170

© 2008 in der OZ-Verlags-GmbH, Rheinfelden
Buchverlag OZ creativ, Freiburg
Alle Rechte vorbehalten

Herstellerverzeichnis
Gütermann AG
Junghans Wollversand GmbH & Co. KG
Rayher Hobby GmbH

über Hobby- und Bastelfachhandel